AF259651

LES NAPOLÉONS

ET

L'ANGLETERRE

PARIS

IMPRIMERIE DE L. TINTERLIN ET Ce

rue Neuve-des-Bons-Enfants, 3

LES

NAPOLÉONS

ET

L'ANGLETERRE

PARIS

E. DENTU, LIBRAIRE-ÉDITEUR

GALERIE D'ORLÉANS, 13 ET 17, PALAIS-ROYAL

1861

CONSÉQUENCES D'UNE GUERRE

CONTRE L'ANGLETERRE

I

L'Angleterre a toujours eu de libres esprits qui, tout en combattant contre la France, comprenaient la France et les grands hommes de la France.

Le colonel Napier, dans l'introduction à son beau livre sur la guerre de la Péninsule de 1807 à 1814 (1), publié à Londres pendant que la Restauration, ou, pour mieux parler, la contre-révolution triomphait de ce côté-ci du détroit, disait :

« Les hostilités de l'aristocratie européenne firent prendre une direction toute militaire à l'enthousiasme de la France républicaine, et entraînèrent cette puissante nation dans une politique qui, quel-

(1) History of peninsular war from 1807 to 1814. London.

que outrageante qu'elle ait pu paraître, était réellement imposée par la nécessité. Jusqu'au traité de
Tilsit, la France ne fit qu'une guerre essentiellement
défensive ; car la sanglante lutte qui ravagea le con-
tinent pendant tant d'années n'avait pas pour objet
la prééminence entre des puissances ambitieuses.
Ce n'était pas une querelle pour un agrandissement
de territoire ou pour l'élévation politique d'une nation, mais bien un combat à mort qui devait décider
lequel des deux partis, l'aristocratie ou la démocratie, dominerait l'autre, et si l'égalité ou le privi-
lége serait dorénavant le principe fondamental des
gouvernements européens.

« La Révolution française avait acquis une exis-
tence prématurée, qui avait naturellement étonné
le monde. Le pouvoir du principe aristocratique
était trop vigoureux et trop identifié encore avec
celui du principe monarchique pour qu'un vertueux
effort démocratique pût lui résister avec succès ;
bien moins encore pouvait-il être renversé par une
démocratie qui, dans ses excès, se plongeait dans
un sang innocent, menaçant de destruction les institutions politiques et religieuses, ouvrage de plusieurs siècles, dont quelques parties, il est vrai,
avaient vieilli, mais dont la vétusté se laissait à
peine apercevoir.

« Les premiers événements militaires de la Révolution, le mécontentement de Toulon et de Lyon, la
guerre civile de la Vendée, la faible, quoique heureuse résistance opposée à l'invasion du duc de
Brunswick, les fréquents et violents changements

de dominateurs dont personne ne regrettait la chute, sont autant de preuves que la Révolution française, intrinsèquement trop faible pour repousser cette force physique et morale qui pesait puissamment sur elle, avançait précipitamment vers sa ruine, lorsque l'étonnant génie de Bonaparte, déjouant tout calcul humain, l'éleva et la fixa par la victoire, seule capable de soutenir cette œuvre incohérente.

« Sachant bien toutefois que la cause qu'il soutenait n'était pas suffisamment en harmonie avec les sentiments du siècle, Napoléon eut pour premier besoin de désarmer, ou du moins de neutraliser l'inimitié monarchique et sacerdotale, en rétablissant le culte religieux, et en devenant lui-même un monarque. Une fois souverain, la fermeté de son caractère, le but qu'il se proposait d'atteindre, ses talents, la nature critique des temps, le rendirent inévitablement despote. Toutefois, tandis qu'il sacrifiait la liberté politique, qui, pour la forte masse de l'espèce humaine, n'a jamais été rien de plus qu'un son flatteur, il mit le plus grand soin à établir l'égalité civile, bien réel et qui produit une satisfaction croissante au fur et à mesure qu'elle descend dans toutes les classes de la société ; mais cette égalité civile, principe vital de son gouvernement, secret de sa popularité, le rendit le monarque du peuple et non pas le souverain de l'aristocratie. C'est pourquoi Pitt l'appelait l'enfant et le champion de la démocratie : vérité aussi évidente que si l'on disait de Pitt et de ses successeurs qu'ils furent les enfants et les champions de l'aristocratie. C'est pourquoi aussi, conformément à leur opinion, les classes privilégiées de l'Europe firent retomber sur Napoléon la haine implacable et toute naturelle qu'elles avaient pour la Révolution française, lorsqu'elles virent que les innovations avaient trouvé en lui un protecteur; que lui seul avait donné la prééminence à un système si odieux pour elles, et qu'il était réellement ce que lui-même disait être : « La Révolution organisée. »

On le sent, on le voit par ces lignes, l'historien de la guerre de la Péninsule n'était pas seulement un écrivain militaire, mais un politique. Il a indiqué, dans ce remarquable passage, la vraie cause de la guerre européenne qu'eut à soutenir, dès ses débuts et dans ses diverses phases jusqu'à la chute de son représentant couronné, la Révolution française; — Révolution qui avait remué le sol à de si grandes profondeurs, avait ébranlé tous les vieux trônes, effrayé tout d'abord l'aristocratie européenne et soulevé ses colères. Le parti qui se trouvait au pouvoir en Angleterre, quand elle éclata, avait engagé tout d'abord aussi la nation britannique dans la voie où l'entraînaient et ses tendances et ses frayeurs, et il y entraîna avec lui, bon gré, mal gré, la nation tout entière.

Voilà le fait constaté par le colonel Napier.

C'est donc parce que l'Angleterre s'était rangée de ce mauvais côté, contre le courant du siècle, du côté de l'aristocratie européenne, que l'Empereur Napoléon Ier l'a combattue.

Napoléon avait senti cependant, dès 1800, tout ce que l'alliance anglo-française pouvait avoir de fécond pour le monde. A peine nommé Premier Consul, Bonaparte avait écrit au roi d'Angleterre la lettre suivante :

« Paris, 5 nivôse an viii (26 décembre 1799).

« Appelé, Sire, par le vote de la nation française, à occuper la première magistrature de la république, je crois convenable, en entrant en charge, d'en faire directement part à Votre Majesté.

« La guerre, qui depuis huit ans ravage les quatre parties du monde, doit-elle être éternelle? N'est-il donc aucun moyen de s'entendre?

« Comment les deux nations les plus éclairées de l'Europe, puissantes et fortes plus que ne l'exigent leur sûreté et leur indépendance, peuvent-elles sa-crifier à des idées de vaine grandeur le bien du commerce, la prospérité intérieure, le bonheur des familles? Comment ne sentent-elles pas que la paix est le premier des besoins comme la première des gloires?

« Ces sentiments ne peuvent pas être étrangers au cœur de Votre Majesté, qui gouverne une nation libre et dans le seul but de la rendre heureuse.

« Votre Majesté ne verra, dans cette ouverture,

que mon désir sincère de contribuer efficacement,
pour la seconde fois, à la pacification générale, par
une démarche prompte, toute de confiance, et déga-
gée de ces formes qui, nécessaires peut-être pour
déguiser la dépendance des États faibles, ne décè-
lent dans les États forts que le désir mutuel de se
tromper.

« La France, l'Angleterre, par l'abus de leurs
forces, peuvent longtemps encore, pour le malheur
de tous les peuples, en retarder l'apaisement; mais,
j'ose le dire, le sort de toutes les nations civilisées
est attaché à la fin d'une guerre qui embrase le
monde entier.

« Bonaparte,

« Premier Consul de la République française. »

Le Premier Consul avait donc spontanément et
loyalement recherché dès lors la paix, et mieux que
la paix, l'alliance avec l'Angleterre, alliance dont il
sentait les heureux avantages pour le monde. Mal-
heureusement, un concours de causes, qui, comme
nous l'avons dit, tenaient à l'état des esprits à cette
époque et aux engagements contre-révolutionnaires
du cabinet britannique, empêchèrent alors cette
paix et cette alliance.

Le roi, les ministres, une partie de la nation elle-
même, par je ne sais quel esprit de rivalité, voyaient
avec peine les Français remettre les rênes de leur
gouvernement aux mains habiles et glorieuses du

grand général que jusque-là la victoire avait suivi
sur tant de champs de bataille, et qui avait conçu
et exécuté contre eux l'expédition d'Égypte. On le
haïssait et calomniait avec acharnement dans les
feuilles anglaises. Depuis, la lumière s'est faite en
Angleterre. L'Angleterre s'est empressée de recon-
naître l'héritier du grand Empereur de la République française; elle a reconnu, la première et sans
hésiter, Napoléon III. Une guerre glorieuse, entre-
prise en commun, a cimenté l'alliance anglo-française.

Qu'arriverait-il si cette alliance se rompait; si une
guerre éclatait entre les deux peuples? Quelles en
seraient les conséquences? C'est ce que nous voulons
examiner ici.

Et d'abord quels sont, à l'heure présente, les
rapports commerciaux des deux grandes nations
que le détroit sépare? C'est là un grand point, un
fait d'un poids immense dans la question.

II

Le dernier *Tableau du commerce de la France avec
les puissances étrangères* porte à 5 milliards 412 millions en valeurs *actuelles*, la généralité des exportations et importations de notre pays en 1859. L'An-

gleterre y figure partout à la tête de celles des
puissances étrangères avec lesquelles nos échanges
ont eu le plus d'importance, en cette année comme
les années précédentes. Avec l'Angleterre seule, le
chiffre de ces échanges a été, en 1859, de 474 millions, presque plus du double du chiffre afférent à
nos affaires avec le pays qui se présente le premier
après l'Angleterre : les États-Unis (246 millions).

IMPORTATION POUR 1859.

Commerce par mer en valeurs actuelles.   1,580 millions.
Commerce par terre   —   774

EXPORTATION POUR 1859.

Commerce par mer en valeurs actuelles.   2,305 millions.
Commerce par terre   —   752

Ainsi, toujours en résumant d'après le *Tableau* les
résultats afférents à l'exportation, on voit que l'Angleterre se présente la première dans le Tableau
entre les principaux pays de destination, d'après
l'importance en valeurs actuelles des marchandises
qui y ont été expédiées, comme elle se présente la
première, d'après le rang que lui assigne le chiffre
des valeurs actuelles des produits importés.

Le tonnage général des pays étrangers avec les-
quels la France a entretenu le plus de relations ma-
ritimes, a été, en 1859 :

Avec l'Angleterre. . . . . . . 2,685 515 tonneaux.
Avec les États-Unis. . . . . . 64".907 —

Les puissances étrangères avec lesquelles nos
échanges ont eu le plus d'importance en 1859 sont :
l'Angleterre, les États-Unis, la Suisse, l'Association
Allemande, la Belgique, les États sardes. L'Espagne,
le Brésil et la Russie, ne viennent qu'en dernier
lieu, *longo intervallo*.

Il suffit de ces chiffres, selon nous, pour faire
toucher au doigt les conséquences immédiates d'une
guerre avec l'Angleterre, et l'énorme préjudice qui
résulterait pour le commerce des deux pays du
seul fait de cette guerre.

Afin de compléter les éléments de comparaison
dans son *Tableau général du commerce de la France
avec ses colonies et les puissances étrangères pendant
l'année* 1859 (le dernier publié), l'Administration a
pensé qu'il pourrait n'être pas sans intérêt de faire
ressortir, année par année, et pour plusieurs pé-
riodes quinquennales successives, les résultats du
mouvement d'entrée et de sortie des marchandises,
et l'on y voit l'extension et le progrès constant de
notre commerce par mer, en même temps que l'ac-
croissement par chaque période de cinq ans, du
chiffre total de nos opérations. C'est ainsi que, de
1844 à 1848, les importations ont été de 5,894 millions, et les exportations de 5,939 millions ; — de
1849 à 1853, les premières de 6,544 millions, les
secondes de 8,126 millions.—Enfin, de 1854 à 1858,

importations de 10,200 millions, exportations de 10.934 millions dans les transports par mer, qui ont embrassé, en 1859, une valeur *officielle* totale de 3,519 millions (importations et exportations réunies), la part du pavillon français a été de 1,572 millions. Or, par le seul fait d'une guerre avec l'Angleterre, tout ce mouvement commercial serait réduit à néant ; car, encore bien que tous les transports par mer dont les chiffres ci-dessus sont la résultante, n'aient pas lieu seulement de France en Angleterre, et d'Angleterre en France, et que les autres pays y entrent pour une bonne part, il est évident que cet immense mouvement du commerce maritime s'arrêterait immédiatement par le seul fait d'une rupture.

Telles seraient donc, tout d'abord, les conséquences matérielles d'une guerre avec l'Angleterre. Est-il besoin de dire quelles en seraient les conséquences morales ? Tout se tient en ce monde, et les unes, nous croyons superflu d'y insister, ne seraient pas moins désastreuses que les autres.

On le voit donc par ces chiffres éloquents, une rupture entre la France et l'Angleterre serait également désastreuse pour l'une et pour l'autre. En tous sens, elle entraînerait d'incalculables calamités, et le monde entier en ressentirait les tristes effets.

III

Dans un très-remarquable discours prononcé par
M. le comte de Persigny, sénateur, membre du Conseil privé, présentement ministre de l'intérieur, et
naguère notre ambassadeur en Angleterre, à l'ouverture de la session du Conseil général de la Loire,
les éléments et les raisons de l'alliance anglo-française ont été admirablement exposés. Il y a près de
trois ans de cela ; c'était au mois d'août 1858 : re-
marquez bien la date.

Voici ce que disait M. de Persigny sur la grave
question qui nous occupe, peu de mois, qu'on ne
l'oublie pas, après l'attentat du 14 janvier, qui avait
soulevé si mal à propos, parmi nous, tant de colères
contre l'Angleterre, parce que les auteurs de cet
attentat l'avaient préparé à Londres; colères injustes
et aveugles, qui tendaient à troubler les rapports
des deux pays, non sans péril d'une rupture, et que
sut conjurer la sagesse de leurs gouvernements.
M. de Persigny s'est, dans ce discours, placé à une
hauteur de vues et à une hauteur de bon sens au-
delà desquelles il n'y a rien (1) :

(1) Voir le *Moniteur universel* du 29 août 1858.

« Un nuage, a dit M. de Persigny, un nuage qui
« aurait pu être dangereux, a obscurci dernièrement
« nos relations avec un pays dont l'alliance avait été
« si heureusement cimentée et si féconde, et il n'a
« fallu rien moins que toute la sagesse et toute l'a-
« mitié réciproque des deux souverains pour préve-
« nir un refroidissement entre les deux puissances.

« Heureusement, comme l'a dit l'Empereur à
« Cherbourg, que, si l'on voulait réveiller les ran-
« cunes et les passions d'une autre époque, elles
« viendraient échouer devant le bon sens public :
« c'est qu'en effet, Messieurs, les intérêts des deux
« peuples sont aujourd'hui si étroitement liés, qu'il
« serait difficile, même aux passions les plus aveu-
« gles, de les amener à une rupture entière.

« Telle est devenue cette solidarité d'intérêts, que
« si demain Londres ou Paris venait à être brûlé,
« nous aurions à supporter réciproquement d'im-
« menses pertes commerciales ; et tandis qu'une
« catastrophe tombant sur Berlin, Vienne ou Saint-
« Pétersbourg, n'exciterait que nos sentiments de
« commisération, à Londres, au contraire, nous se-
« rions frappés dans nos intérêts presque aussi for-
« tement qu'à Paris même ; or, quand deux peuples
« en sont arrivés là, ils sont évidemment destinés à
« resserrer chaque jour davantage leur union pré-
« sente.

« Voyons d'abord pour la France l'intérêt de l'al-
« liance anglaise. Avec l'Angleterre, nous sommes
« maîtres des mers, et, par conséquent, nous n'a-
« vons plus rien à craindre sur nos frontières. Au-

« cune coalition n'est plus possible contre nous ; la
« paix générale est assurée. Notre pays peut donc
« se livrer à tous les développements de son activité
« sans aucune préoccupation et achever de fonder
« ses institutions sans courir aucune aventure. Nous
« n'avons d'ailleurs plus de rivalité matérielle avec
« l'Angleterre depuis qu'elle a ouvert à notre com-
« merce, comme au sien propre, l'accès de ses im-
« menses colonies ; ce n'est pas sa faute si, conti-
« nuant dans notre système de production à hauts
« prix, nous ne savons pas mieux en profiter.

« Quant à l'Angleterre, son intérêt à l'alliance
« française est peut-être encore plus manifeste. Elle
« a achevé de conquérir, en 1814 et 1815, la supré.
« matie maritime et coloniale qui faisait l'objet de
« ses désirs, et à laquelle elle était en quelque sorte
« destinée par sa position insulaire et le génie de ses
« habitants. Cette suprématie, elle en jouit aujour-
« d'hui sans contestation, et elle se dit que si elle
« avait une nouvelle lutte avec la France, quand
« même (ce qu'à Dieu ne plaise !) le sort des batailles
« nous réserverait de nouveaux désastres, elle ne
« saurait obtenir pour résultat que le maintien en
« possession de ce qu'elle a déjà, c'est-à-dire sa su-
« prématie maritime et coloniale, et, par consé-
« quent, elle aurait beaucoup à perdre et très-peu à
« gagner d'une lutte avec la France.

« Par une transformation complète de ses inté-
« rêts, l'Angleterre en est donc arrivée à ceci,
« qu'autant, il y a quarante ans, elle était hostile à
« la France, autant elle désire aujourd'hui son ami-

2

« tié; et telle est, en effet, sa disposition actuelle à
« ne pas vouloir séparer ses intérêts des nôtres,
« que, dans deux graves circonstances, en se déter-
« minant à faire avec nous d'abord la guerre, puis
« la paix, elle a peut-être plutôt pris conseil de notre
« situation que de la sienne propre.

« Comment donc, dans cette disposition réci-
« proque des deux pays, rendre compte de ce qui
« s'est passé à la suite de l'attentat du 14 jan-
« vier? Par la plus vulgaire des explications, par
« une série de malentendus de chaque côté de la
« Manche.

« Déjà, depuis la paix, l'opinion publique en An-
« gleterre avait pris ombrage de quelques incidents
« diplomatiques ; mais, à la nouvelle de l'attentat
« du 14 janvier, l'Angleterre était unanime à flétrir
« ce crime odieux.

« A cette époque, le vrai public anglais, ce public
« qui, en réalité, dirige et gouverne l'État, qui est
« habitué à voir sortir l'ordre des plus grandes agi-
« tations, à dédaigner tous les excès de la presse, à
« ne prendre garde enfin à aucune des exagérations
« de la liberté, le public anglais, dis-je, ne connais-
« sait rien ni des tentatives précédentes organisées
« en Angleterre contre l'Empereur, ni des doctrines
« professées par une partie des réfugiés ; il était de
« bonne foi, aussi ignorant de toutes ces infamies
« qu'il en était innocent.

« Ce fut donc avec le plus pénible étonnement
« qu'il crut voir, bien à tort assurément, dans des
« discours prononcés à Paris sous l'impression de

« l'émotion publique, une disposition de la France
« à rendre l'Angleterre responsable de l'a tentat du
« 14 janvier et à la mettre en suspicion.

« Dès ce moment, l'opinion publique en Angle-
« terre, unanime à flétrir l'assassinat, s'arrêta subi-
« tement au milieu des manifestations qu'elle faisait
« éclater de toutes parts. Puis, quand le changement,
« bon ou mauvais, du régime des passe-ports, mais
« si injustement représenté à l'opinion comme un
« acte de défiance contre les Anglais eux-mêmes, et
« surtout les adresses de l'armée, vinrent mettre le
« comble à l'irritation des esprits, alors il se passa
« ce qui arrive toujours dans un pays libre quand
« le sentiment national est mis en jeu : les passions
« populaires ne connurent plus de bornes, et la si-
« tuation politique fut dominée par ces passions.

« Ainsi, pendant que nous pensions avoir à nous
« plaindre des dispositions de nos alliés, le peuple
« anglais, de son côté, se croyant profondément
« blessé par la France, n'obéissait plus qu'à son
« irritation. Cette irritation en provoquait naturelle-
« ment en France une autre tout aussi forte, et qui
« aurait pu être dangereuse, sans la haute raison et
« l'esprit de justice de l'Empereur, pour apprécier
« la véritable cause de l'attitude de nos voisins.

« Mais, Messieurs, quels qu'aient été ces malen-
« tendus déplorables, et dont il est au moins facile
« de prévenir aujourd'hui le retour, la situation des
« deux peuples n'en est pas changée. Ce qui reste
« incontestable, c'est que les nouveaux intérêts de
« l'Angleterre la portent aussi naturellement à se

« rapprocher de la France qu'anciennement à s'en
« éloigner; c'est que les nôtres suivent une direc-
« tion semblable ; que, malgré les malentendus et
« les petits ombrages réciproques, et en dépit des
« intrigues des partis qui les exploitent, le grand
« public anglais désire sincèrement l'amitié de l'Em-
« pereur et de la France; qu'enfin il n'y a réellement
« entre les deux pays aucun intérêt, aucune question
« sérieuse où le plus simple bon sens ne puisse
« mettre d'accord les deux gouvernements, et
« qu'ainsi il ne dépend que de nous de maintenir
« une alliance aussi avantageuse aux deux peuples.

« Je le répète donc, Messieurs, la dynastie napo-
« léonienne est, à l'intérieur comme à l'extérieur,
« dans les plus heureuses conditions de force, de
« grandeur et de prospérité. Ce que Napoléon III a
« ajouté en ce sens à l'œuvre de Napoléon Ier est
« énorme; et quand la France, un jour complète-
« ment constituée, jouira de tous les bienfaits d'un
« gouvernement définitivement établi dans les es-
« prits, dans les consciences et dans le temps, il n'y
« aura pas assez de vénération, de respect et de re-
« connaissance pour sa mémoire.

« Voilà, Messieurs, ce que je tenais à dire à mes
« concitoyens, non pas assurément que je me flatte
« d'avoir été pour quelque chose dans cette grande
« œuvre, mais parce que, depuis plus de vingt ans,
« je n'ai cessé de l'appeler de tous mes vœux, pour
« le bonheur et la grandeur de notre pays. »

IV.

TRAPPORTS INTELLECTUELS ET MORAUX DES DEUX NATIONS.

Les rapports intellectuels et moraux des deux nations n'ont pas besoin d'être signalés. Les deux lit-
tératures sont étudiées à l'envi; nos poëtes, nos
grands écrivains, anciens et modernes, sont familiers à tout esprit cultivé au delà de la Manche; les
poëtes, les grands écrivains de l'Angleterre, depuis
Chaucer jusqu'à Thomas Moore, sont connus et
goûtés en deçà. Nos économistes considèrent **Adam
Smith**, Jérémie Bentham, **M.** Cobden et tous les
adeptes de l'école de Manchester, non comme des
Anglais, mais comme des compatriotes, mais comme
de leur famille. Ce que lord Chatham disait de
Franklin, nous le disons de Newton, de Haley, de
Watt.

Qui donc en Angleterre dédaigne nos savants, nos
Cuvier, nos Arago, nos Geoffroy-Saint-Hilaire? Nul
progrès scientifique ne se fait, ici ou là, qui ne soit
aussitôt reconnu, apprécié, loué des deux parts.
Malgré la diversité des langues, il y a communauté
d'intelligence, et les plus étroits rapports interna-
tionaux en matière d'art, de science, d'industrie.
Qu'est-il besoin d'insister sur ce point?

Mais, dit-on, la même communauté n'existe pas
en fait de mœurs. Une antipathie séculaire divise
les peuples comme les gouvernants ; la haine réciproque ne demande qu'à se donner carrière.
Vienne la guerre, et l'on verra ! Ainsi parlent les ré-
trogrades.

Il fallait voir, il y a trois ans, comme les symptô-
mes d'une rupture possible furent accueillis par les
hommes des anciens partis, par les incorrigibles,
légitimistes, orléanistes, républicains même. Leur
joie mal déguisée éclatait à l'idée d'une guerre. Ils
faisaient des plans d'agression. Un journal aujour-
d'hui disparu, *l'Assemblée nationale*, ainsi nommée
par antinomie, montrait la facilité et la gloire d'une
invasion française en Angleterre. Il fallait à ces
grands cœurs de la fusion, *une revanche de Waterloo*.
C'est qu'une sorte d'instinct leur disait que d'une
telle guerre ne pourraient sortir que des désastres
même par la victoire pour l'Empire et l'Empereur ;
que les succès militaires des armes impériales, de
ce côté, auraient pour conséquence fatale, immédiate
ou prochaine, l'ébranlement d'un trône qui leur est
par dessus tout odieux.

En cela comme en tout, par ce rare et profond
génie qui a déconcerté tous leurs plans, qui marche
toujours à la tête du progrès, ils ont été déçus. Non,
on le sent à ses actes, le pouvoir napoléonien que
la France s'est donné n'a pas besoin d'une revanche
matérielle de Waterloo. Les mânes irrités de Napoléon le Grand n'ont pas besoin de cette tardive et
stérile vengeance ; les hommages rendus à sa glo-

rieuse mémoire par la bonne et gracieuse reine de la Grande-Bretagne lui suffisent.

Les satisfactions n'apaisent point une âme quand elles ne sont pas spontanées et complètes. Mais ici, rien n'a manqué.

L'entente cordiale, qui n'était qu'un vain mot, ironiquement employé sous Louis-Philippe, est devenue une vérité ; et en Crimée tout a été oublié dans de communes souffrances et dans une commune gloire.

Les Anglais ne peuvent nous pardonner, dit-on, de les avoir sauvés en Crimée, et d'y avoir trop fait voir à l'Europe surprise notre force et leur faiblesse. Ceux qui disent cela savent peut-être ce qu'ils font ; mais, à coup sûr, ils ne disent là rien d'absolument vrai, rien d'utile surtout. L'Angleterre est jalouse, l'Angleterre est injuste, l'Angleterre est haineuse ; mais ils disent cela, et n'en apportent aucune preuve.

Où voit-on l'injustice, l'animosité de l'Angleterre contre nous ? Est-ce dans les actes de son gouvernement ? dans la véritable *politique anglaise*, se manifestant à notre égard par les ministres de la reine Victoria, dans les votes définitifs des assemblées délibérantes, de la Chambre des Communes, de la Chambre des Lords ? Non ! Dans tout cela rien qui blesse, qui contrarie d'une manière sensible la politique de la France. Est-ce dans la grande voix de ses journaux politiques les plus accrédités, quand ils discutent de haut et sérieusement les questions pendantes qui, de près ou de loin, intéressent les deux gouvernements ? Pas davantage. Où éclate donc cette animosité, où voit-on, où veut-on voir le signe certain d'une hostilité secrète qui, à un moment donné, pourrait se transformer en un *casus belli?* Dans quelques boutades d'orateurs, dans la rétrograde et puérile politique d'un M. Klinglake, dans le mauvais vouloir épigrammatique de quelques petits esprits, lettrés peut-être, mais d'une si triste légèreté, correspondants familiers de certains journaux d'outre-Manche? Nous le voulons bien. Mais de quel poids, de quelle importance sont ces escarmouches de la presse, ces attaques satiriques subalternes, dans les grandes questions qui s'agitent entre les cabinets et les peuples des deux pays? Quand le *Times* lui-même, qui se laisse aller dans certains moments à ce mauvais esprit, prend la parole en vrai politique, toutes ces petites choses, ces querelles de bel esprit, disparaissent et s'effacent. Il est juste, il parle en maître, avec ce suprême bon sens qui est lui-même une beauté littéraire. Naguère encore, à propos de l'attitude du gouvernement français relativement aux récents événements dont l'Italie est le théâtre, il parlait d'or. Ah! nous le voudrions pouvoir citer ici tout au long, cet article où pleine justice était rendue à tous égards à la France; car indirectement il viendrait à l'appui de notre thèse, et prouverait à quel point la politique française, la valeur de nos armes, la haute influence qu'elles ont exercée en faveur de la délivrance de l'Italie, sont équitablement appréciées par les bons esprits en Angleterre, sans jalousie, sans puériles restrictions.

Par exemple, le *Times* disait dans une occasion récente :

« Avec un sens plus exquis des nécessités de la position que n'en semble pénétré notre propre secrétaire d'État aux affaires étrangères, Napoléon III voit d'un seul coup d'œil qu'aucun lien, fût-il de soie, n'attirera l'Angleterre du côté du despotisme, et ne parviendra à en faire le satellite d'aucune puissance prenant les intérêts des despotes vaincus. Nul ministre n'aurait le pouvoir de le faire ; les ministres d'Angleterre peuvent changer, mais les sympathies de la nation anglaise sont invariablement en faveur de la liberté. »

Tout cela, est-ce de l'opposition systématique ? Y a-t-il là quoi que ce soit, qui indique l'envie de brouiller les cartes, comme on dit, de prendre et de montrer la politique française en défaut ? d'en triompher par la facile opposition du rôle contradictoire que nous semblons jouer en Italie ? Personne n'oserait le prétendre. L'écrivain anglais parle en vrai politique, avec un grand respect pour la pensée de l'Empereur, qu'il juge d'ailleurs en homme libre ; et, la blâmât-il, qui pourrait y voir un parti pris de dénigrement ? Qu'on cesse donc de nous parler des attaques de la presse anglaise contre la France. Dans ses immenses immunités, accoutumée à donner carrière à la discussion en tout sens des questions à l'ordre du jour, comme elle parle de son propre gouvernement avec une entière liberté, le blâme ou le loue, selon l'opinion que professe le journaliste, elle croit pouvoir parler des gouvernements étrangeis avec la même liberté ; et ceux-là qui ne se font pas faute d'employer même le sarcasme à propos de leurs gouvernants, ne sauraient être tenus, à l'égard des nôtres, à une discrétion plus particulière. C'est là un fait trop naturel pour étonner.

Et encore, à propos de cette entrevue de Varsovie, sur laquelle comptaient tant les légitimistes français, le *Times* du 30 octobre disait :

« L'auguste conclave n'a abouti à rien ; il n'a été, aux yeux de l'Europe, qu'une manifestation solennelle de colère et d'impuissance contre la France, d'alarmes à l'approche du danger, et de pusillanimité quand il s'agit de le détourner. »

Est-ce là, encore une fois, le langage d'un ennemi de la France ? On trouverait mille exemples, dans les récentes manifestations de la presse anglaise, de son peu de sympathie pour nos ennemis, de ses sympathies pour nous-mêmes.

V

Il ne faut pas hésiter à le dire : de l'union de la France et de l'Angleterre, et de cette union seulement, dépendent, selon nous, le repos du monde et les prospérités de l'avenir. D'autres événements peuvent secouer le sol çà et là et en faire surgir des vapeurs : celui-là seul qui romprait l'alliance produirait des tempêtes et des catastrophes.

Mais tout, heureusement, dans la civilisation et dans ses développements, tend à fortifier, à cimenter les bons et nécessaires rapports des deux grandes puissances occidentales. Quelques préventions mal fondées, quelques puériles alarmes n'y font rien. Les intérêts des deux nations, chaque jour plus mêlés et plus solidaires, l'emportent sur de misérables passions : l'opinion publique dominerait, s'il en était besoin, des deux côtés, un petit groupe d'esprits chimériques ou haineux.

Les institutions diffèrent, à la vérité, sur un certain nombre de points dans les deux pays ; cependant le libéralisme constitutionnel, l'expansion des forces pacifiques, le respect du droit, le progrès moderne, sont l'essence de ces institutions, plus analogues encore que différentes.

Regardez un moment les gouvernements de l'Europe : vous rencontrez, dans leur impuissance et leur mauvais vouloir, bien des souvenirs, bien des aspirations de systèmes surannés et ruinés ; mais en France et en Angleterre éclate le souffle fécond des temps nouveaux. Qu'est-il besoin d'insister sur l'évidence ?

Comment donc la guerre naîtrait-elle entre des peuples unis aujourd'hui par des liens si forts d'intérêt et de gloire ?

On l'a dit avec raison : Une estime réciproque s'est établie sur les champs de bataille de la Crimée entre les deux armées anglaise et française. Tout le monde a fait son devoir en Crimée, dans la mesure de ses forces et de ses habitudes militaires. Voilà la vérité.

Le courage a été égal comme l'honneur. Les qualités particulières de chacun ont éclaté dans cette rude expédition, et le gouvernement anglais n'a point marchandé les louanges à la bravoure de nos troupes. L'image de la reine Victoria, en signe de sa gratitude, brille sur le cœur d'un très-grand nombre de nos soldats, d'une partie notable de l'armée française, et l'on voudrait que ces soldats arrachassent de leur poitrine cette noble médaille de Crimée qu'ils portent fièrement, et qui dit à tous leur fraternité d'armes avec les soldats de l'Angleterre! Pour la première fois, sous Napoléon III, ce spectacle s'est vu : Français et Anglais combattant côte à côte et triomphant en commun. Et ce spectacle ne se sera pas vu en vain. Ce fait nouveau aura ses conséquences. Ce fait nouveau, inouï dans l'histoire, est un signe des temps. Non, la France et l'Angleterre, si, sur certains points du globe et à propos de telle ou telle question, leur politique diffère, n'en viendront pas pour cela aux mains, ne videront pas leurs différends par les armes. Comme deux hommes arrivés à des situations considérables, riches, honorés, de bon sens, devenus amis, liés d'ailleurs par de grands intérêts d'affaires, quelque courageux et habiles qu'ils soient au maniement de l'épée ou du pistolet, ne se battent pas entre eux, mais discutent ou plaident, et finissent par s'entendre sans recourir au duel, à l'emploi de moyens violents et désastreux qui ne sont plus ni de leurs mœurs ni de leurs intérêts, ainsi il en sera des deux nations, et le grand philosophe mathématicien Laplace le dirait s'il écrivait aujourd'hui son *Essai sur les probabilités morales*.

.Le rôle de l'Angleterre et de la France est tout tracé par la nature de leur puissance, par leur caractère respectif. Chacune d'elles peut beaucoup seule ; unies, que ne peuvent-elles pas pour leur gloire et pour le bien de l'humanité ! Le premier Napoléon l'avait bien compris, lorsqu'à Sainte-Hélène il gémissait sur l'aveuglement de l'oligarchie britannique, qui s'était éloignée de lui au lieu de s'en rapprocher, qui l'avait combattu et détruit au lieu de lui prêter son aide. Nous avons dit les causes de cet aveuglement. Ces causes, le temps ne les a pas seulement affaiblies, mais annulées, en Angleterre, chez tous ceux qui ont un juste sens politique. Le rôle donc de l'Angleterre et de la France, unies, c'est d'exercer en commun, sur le monde, leur légitime et bienfaisante influence matérielle et morale ; c'est de réaliser, en un mot, le vœu du philosophe grec, de mettre partout, comme le voulait Platon, la cité en harmonie avec la nature.

VI.

Un mot encore sur Napoléon Ier.

La révolution qui l'avait enfanté vivait en lui malgré tout ; il en était le représentant couronné comme le glorieux soldat. Et on le sentait, on ne s'y trompait pas en Europe. Tandis que l'aristocratie se courbait devant lui, il était, dans l'éblouissante sphère où il était monté, l'objet de sa haine ; elle travailla en secret à le perdre, dès qu'elle en eut conçu l'espoir. Le peuple l'aimait, quoique, par les splendeurs royales dont le grand homme avait besoin, de s'entourer pour marcher l'égal des rois, il choquât ses instincts d'égalité, parce que, malgré les apparences, le peuple sentait que l'élu de la grande nation, le glorieux général de la République, était l'enfant de la Révolution et en représentait les principes.

Nous parlons ici du système, de l'ensemble des principes et non des moyens propres à les faire triompher. Les principes sont immuables ; mais les moyens varient suivant les époques et les circonstances. Ceux qu'au sortir de la tourmente révolutionnaire et au milieu des orages de guerres incessantes et générales, l'Empereur dut employer pour amener au port le vaisseau de l'État, ne seraient plus ceux que lui-même choisirait dans nos temps plus calmes et après la marche des idées du dernier demi-siècle.

L'Angleterre l'a compris aujourd'hui : Napoléon fut un de ces génies précurseurs tels qu'il s'en trouve à l'aurore de chacune des ères nouvelles de l'humanité. Son neveu a repris et continue son œuvre. On l'a dit et prédit dès 1840 (1) :

« L'avenir appartient à celui qui devinera le mystère gigantesque de Napoléon, et qui saura se

______

(1) Dans une brochure publiée en 1840, chez Paulin, rue de Seine, 33, sous ce titre : *Question décisive sur Napoléon.*

servir de ce merveilleux secret pour arracher la France à la confusion et pour mener le monde vers les fins glorieuses qui, dans cet inévitable avenir, lui furent assignées par la divine Providence. »

Cet homme s'est heureusement rencontré. Napoléon III fait aujourd'hui ce que Napoléon Ier ferait dans l'état présent du monde. Le grand Empereur serait aujourd'hui, comme son neveu, le loyal allié de l'Angleterre. Un fait considérable, le traité de commerce, est venu ajouter aux causes de plus en plus puissantes qui rendent pour ainsi dire impossible une guerre entre la France et l'Angleterre. Comme le faisait récemment remarquer un savant économiste, M. Baudrillard, les traités de commerce établis sur des bases libérales comme celui dont nous parlons, ou comme celui qui vient de se conclure entre la France et la Belgique, sont, pour nous servir de ses propres expressions, les auxiliaires les plus efficaces pour la cause de la paix. Ils appellent des intérêts toujours croissants en nombre et en importance au service des grands sentiments et des doctrines généreuses. Les préjugés obstinés, les passions arriérées, les vieilles haines vont s'affaiblissant entre les nations à mesure que s'étendent et se multiplient leurs rapports commerciaux, si bien que sous la double influence de ces deux nobles attributs de l'homme civilisé, la raison et le sentiment, de ces préjugés, de ces passions et de ces haines, il ne restera rien dans un temps donné. Ils seront vaincus par les pensées les plus élevées et les sentiments les plus généreux, comme par les notions les plus pratiques.

Quelqu'importance toutefois que nous attachions
à l'alliance anglaise, cette importance ne va pas jusqu'à vouloir qu'on y sacrifie même une parcelle de
ce qui nous paraîtrait de la justice et de la vérité, s'il
plaisait à la politique de l'Angleterre de s'y montrer
contraire. Non. La politique de la France a ses exi-
gences et sa grandeur, qui ne doivent céder à aucune
considération étrangère. Maintenons tant que nous
pourrons, et de tout notre cœur, l'alliance anglaise ;
allons pour cela jusqu'où il est possible d'aller sans
compromettre nos principes et notre dignité ; mais
ne cédons à l'Angleterre sur aucun point, quand
notre intérêt légitime et l'intérêt général de la civilisation le commanderont. Quand nous croirons avoir
la raison et le bon droit pour nous, comme dans la
question de Syrie, le cabinet de Saint-James doit de
plus en plus en être convaincu ; nous ne prendrons
conseil que de nous-mêmes ; nous agirons, s'il le faut,
seuls, sans que la crainte même de ce que nous ap-
pellerons d'ailleurs sans hésiter une calamité, la
rupture de l'alliance, puisse nous arrêter. Et il faut
que l'Angleterre le sache bien.

FIN.